Die Geschichte von Milton Abbey

eine illustrierte Erzählung

Erstveröffentlichung 2024
Deutsche Übersetzung 2025
© James Ratcliffe 2024

Die Fotografien und alle anderen Bilder in diesem Buch stammen entweder von mir oder werden mit freundlicher Genehmigung der Milton Abbey School verwendet. Einige Fotografien in diesem Buch wurden zu Illustrationszwecken digital bearbeitet.

Haftungsausschluss: Die Geschichten und Illustrationen in diesem Buch sind meine eigene Interpretation historischer Ereignisse, basierend auf den Geschichten, die ich gehört habe, den Büchern, die ich gelesen habe, und allem, was ich seit 2007 während meiner Arbeit an der Milton Abbey School erfahren habe.

Alle Rechte vorbehalten. Kein Teil dieser Veröffentlichung darf ohne schriftliche Genehmigung des Autors reproduziert, in einem Abrufsystem gespeichert oder in irgendeiner Form oder auf irgendeine Weise, sei es elektronisch, mechanisch, durch Fotokopieren, Aufzeichnen oder anderweitig, übertragen werden.

Geschrieben und illustriert von
James Ratcliffe

Deutsche Übersetzung von
Benjamin Reger

Inhalt

Einführung..................3

Athelstan..................5

Tregonwell................11

Bancks....................17

Damer.....................21

Hambro....................29

Hodgkinson................33

Milton Abbey School...36

Karte.....................38

Zeitstrahl................39

Tief in den bezaubernden Wäldern nahe dem malerischen Dorf Milton Abbas in Dorset, England, wartet ein Abenteuer. Versteckt zwischen den Bäumen und Hügeln liegt die geheimnisvolle St. Catherine's Chapel, ein Ort voller Geschichten und Geheimnisse aus längst vergangener Zeit.

Dieser Ort markiert den Beginn dieser Geschichte, wo vor über 1000 Jahren König Athelstan, der erste König von England, die Vision hatte, eine Kirche zu errichten.

Vor der St. Catherine's Chapel liegt einer der atemberaubendsten Ausblicke Englands: die prächtige Milton Abbey, eingebettet in die sanften Hügel und Täler der Landschaft von Dorset.

Erforschen Sie diesen wunderbaren Ort, um seine Geschichten zu entdecken und die interessanten Persönlichkeiten kennenzulernen, die ihn prägten, von König Athelstan über die Tregonwells, von Jacob Bancks und Joseph Damer bis hin zu den Hambros, bis zu Hughie Hodgkinson und der Entstehung der einzigartigen Milton Abbey School. Sehen Sie, wie Milton Abbey auch heute noch inspiriert. Lassen Sie sich von Milton Abbey verzaubern!

Athelstan, der Enkel des legendären Königs Alfred des Großen und Sohn von König Edward dem Älteren, wurde um 894 geboren und hatte eine außergewöhnliche Kindheit. Als Junge wurde er ins Königreich Mercia geschickt, um von seiner mächtigen Tante Aethelflaed, der Herrscherin der Mercians, erzogen zu werden. Aethelflaed war bekannt für ihre Stärke und Entschlossenheit, sie baute Burgen und Festungen und führte Armeen gegen die Wikinger. Sie war nicht nur eine mächtige Anführerin, sondern auch eine außergewöhnliche Mentorin.

Unter Aethelflaeds Anleitung entwickelte Athelstan eine Liebe zu Büchern und zum Lernen. Ihre Krieger brachten ihm die Kunst des Kampfes bei, während sie ihn persönlich in Führungskompetenz unterrichtete, im Krieg wie auch im Frieden.

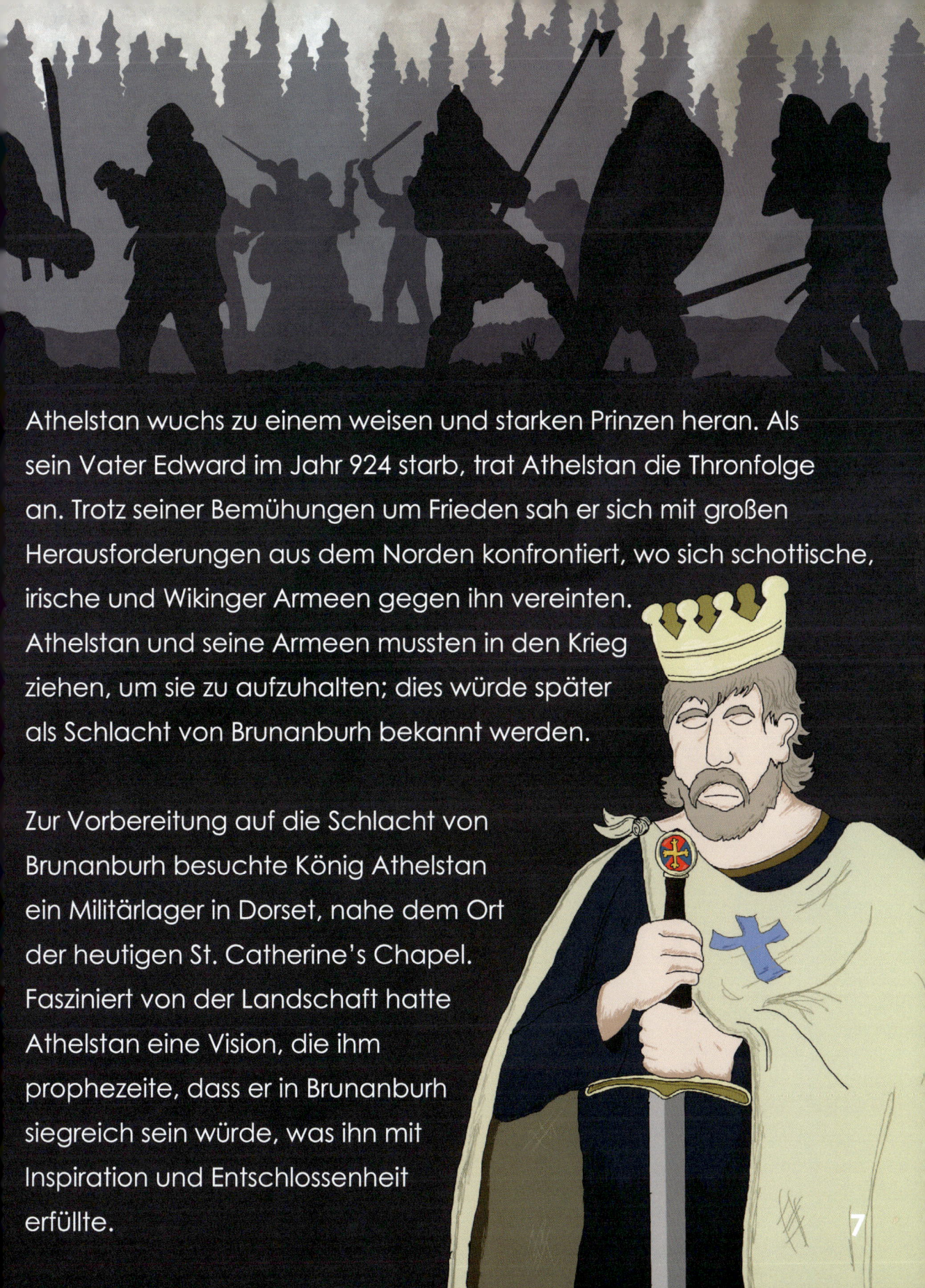

Athelstan wuchs zu einem weisen und starken Prinzen heran. Als sein Vater Edward im Jahr 924 starb, trat Athelstan die Thronfolge an. Trotz seiner Bemühungen um Frieden sah er sich mit großen Herausforderungen aus dem Norden konfrontiert, wo sich schottische, irische und Wikinger Armeen gegen ihn vereinten. Athelstan und seine Armeen mussten in den Krieg ziehen, um sie zu aufzuhalten; dies würde später als Schlacht von Brunanburh bekannt werden.

Zur Vorbereitung auf die Schlacht von Brunanburh besuchte König Athelstan ein Militärlager in Dorset, nahe dem Ort der heutigen St. Catherine's Chapel. Fasziniert von der Landschaft hatte Athelstan eine Vision, die ihm prophezeite, dass er in Brunanburh siegreich sein würde, was ihn mit Inspiration und Entschlossenheit erfüllte.

Im Jahr 937 wurde Athelstans Vision wahr. Nach einer blutigen Schlacht, die zwei Tage andauerte, gingen Athelstan und seine Armeen siegreich aus der Schlacht von Brunanburh hervor. Mit dem letzten besiegten Wikingerreich wurde Athelstan als der erste wahre König von England gefeiert.

Athelstan kehrte nach Dorset zurück und baute in dem Tal, nahe dem er seine Vision hatte, eine prächtige Kirche, an dem Ort, an dem heute Milton Abbey steht. Man sagte, dass er die Kirche errichtete, um Gott für seinen Sieg bei Brunanburh zu danken und dem Tod seines Bruders Edwin zu gedenken.

Kirchen zu bauen, den Armen zu helfen und neue Gesetze zu erlassen, waren Teil von Athelstans Mission, Frieden zu bringen. Er hatte ein großes Interesse an Bildung; er sammelte viele Bücher und Relikte und zog zahlreiche Gelehrte an seinen Hof. Er betreute sogar die Übersetzung der Bibel ins Englische.

Aufgrund des Baus von Athelstans Kirche wurde ein Kloster gegründet, und eine Stadt wuchs neben dem Kloster, die als Middleton bekannt wurde.

Als Athelstan im Jahr 939 kinderlos starb, wurde sein Halbbruder Edmund der nächste König. Nachdem Edmund im Jahr 964 starb, wurde Athelstans Neffe Edgar König. Edgar beschloss, die Laienmönche in der Kirche durch Benediktinermönche aus Glastonbury zu ersetzen. Diese Mönche widmeten ihr Leben den Aktivitäten der Kirche und betrieben dort alles viele Jahre lang. Das Vermächtnis von Athelstans Vision und Hingabe lebte nicht nur durch das Kloster und die Stadt weiter, sondern prägte auch die Entstehung des Vereinigten Königreichs.

Athelstan wurde in der Malmesbury Abbey in Wiltshire beigesetzt, zusammen mit den Söhnen von Aethelflaed, die in der Schlacht von Brunanburh gefallen waren. Ein Ölbild, das ihn zeigt, wie er seine Kirche einem Abt übergibt, befindet sich heute in Milton Abbey.

Im Jahr 1309 gab es einen gewaltigen Sturm, ein Blitz traf den Kirchturm und verursachte einen riesigen Brand. Das Feuer zerstörte leider alle wichtigen Papiere, Bücher und historischen Gegenstände in der Kirche.

Die Mönche begannen mit dem Bau einer neuen prächtigen Abteikirche, die Milton Abbey werden sollte; doch sie wurde nie fertiggestellt. Der größte Teil von Milton Abbey, wie wir es heute sehen, wurde unter der Leitung von Abt William Middleton um das Jahr 1400 gebaut.

Tregonwell

Sir John Tregonwell wurde in Cornwall geboren und an der Universität Oxford ausgebildet. Er wurde Anwalt und half König Heinrich VIII., sich von Katharina von Aragon zu scheiden. Sir John spielte eine wichtige Rolle, als König Heinrich beschloss, alle Klöster zu schließen und deren Vermögen und Besitz zu konfiszieren. Der König betraute ihn damit, durch England zu reisen und sicherzustellen, dass alles reibungslos verlief. Sir John schätzte Milton Abbey, weil es weit weg vom geschäftigen London lag. Daher kaufte er es für 1000 Pfund! Er lebte den Rest seines Lebens in Milton Abbey und wurde sogar Sheriff von Dorset.

Sir John Tregonwell erlebte und prägte eine der bedeutendsten Zeiten der englischen Geschichte. Er starb am 13. Januar 1565 und wurde in Milton Abbey beigesetzt. Auf seinem Grab befindet sich eine besondere Inschrift in Latein, die bedeutet: „Wir sollten zum Ruhm im Kreuz unseres Herrn Jesus Christus streben."

Zur Zeit von Sir John Tregonwell war Middleton neben der Abtei zu einer großen und florierenden Ortschaft gewachsen. Wichtige Verkehrswege führten hindurch, und die Schafzucht war das Hauptgeschäft. Montags waren Markttage.

Nach seinem Tod lebte die Familie von Sir John Tregonwell über hundert Jahre in Milton Abbey. Es gab jedoch viele Streitigkeiten darüber, wer Milton Abbey erben sollte, einschließlich der berühmten „Schlacht der Scheune" im Jahr 1573 zwischen Tregonwells Witwe Elizabeth und ihrem Stiefenkel John Tregonwell II.

Eine Schule wurde in Middleton erstmals von Abt William Middleton gegründet. Im Jahr 1631 wurde Thomas Merry Direktor und blieb fast 50 Jahre!

Middleton litt im Jahr 1638 schwer, als eine Epidemie ausbrach und 91 Menschen starben.

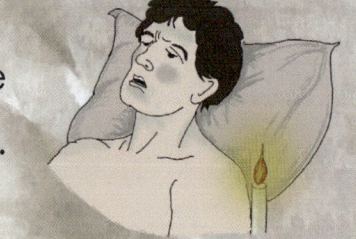

1658 zerstörte ein Brand 25 Häuser in Middleton und machte 38 Menschen obdachlos.

Eine Legende besagt, dass der neugierige 5-jährige John Tregonwell III von seiner Amme auf das Dach der Abtei mitgenommen wurde, um die atemberaubende Aussicht zu bewundern. Als sie oben standen, entdeckte John eine wunderschöne wilde Rose, die aus dem Mauerwerk wuchs. Aufgeregt beugte er sich vor, um sie zu pflücken, verlor jedoch das Gleichgewicht und stürzte hinab.

Die Amme rannte so schnell wie möglich hinunter und befürchtete das Schlimmste. Aber als sie die Rasenfläche erreichte, konnte sie ihren Augen kaum trauen: John, völlig unversehrt, saß im Gras und pflückte fröhlich Gänseblümchen! Es stellte sich heraus, dass Johns modischer Schürzenrock sein Leben gerettet hatte. Als er fiel, blähte sich der steife Rock wie ein Fallschirm auf und ließ ihn sanft zu Boden gleiten.

John wuchs auf und tat große Dinge. Er wurde insbesondere High Sheriff von Dorset. Auch baute er den prächtigen Steinkamin in der Abbotshalle. Sein Enkel Lewis Tregonwell gründete die nahegelegene Küstenstadt Bournemouth.

Mary Tregonwell, die Ur-Ur-Ur-Enkelin von Sir John, war die letzte der Familie Tregonwell, die Milton Abbey ihr Zuhause nannte. Mary liebte die schönen Dinge des Lebens und sammelte viele wertvolle Möbelstücke. 1690 zog sie nach London und ließ sich in der St. James Street nieder.

Doch eines Tages brach ein schreckliches Feuer in ihrem Haus aus, das alles zerstörte! Ein mutiger Marineoffizier namens Jacob Bancks rettete sie.

Jacob Bancks stammte ursprünglich aus Schweden. Er reiste nach England, um an der schwedischen Botschaft zu arbeiten, und trat später in die königliche Marine ein, wo er Karriere machte und mehrere Schiffe in Schlachten kommandierte. Seine Begegnung mit Mary Tregonwell in London entwickelte sich schnell zu einer Romanze, und sie heirateten im Jahr 1696. Da er mehr Zeit mit seiner neuen Familie verbringen wollte, verließ Jacob die königliche Marine und zog mit Mary nach Milton Abbey. Jacob wurde 1699 zum Ritter geschlagen.

Tragischerweise starb Mary im Jahr 1703, nur drei Tage nach der Geburt ihres zweiten Sohnes, der ebenfalls Jacob genannt wurde. Der junge Jacob II erbte Milton Abbey, nachdem sowohl sein Vater als auch sein älterer Bruder 1724 gestorben waren.

Der junge Jacob war ein besonderer Charakter – ehrlich und aufrichtig, und er war bei allen, die ihn kannten, sehr beliebt. Milton Abbey wurde nicht nur für seine prächtigen Gebäude bekannt, sondern auch für seine herzliche Gastfreundschaft und die edlen Besucher. Jacob II. war der perfekte Gastgeber des Anwesens: freundlich und großzügig.

Während der Zeit von Jacob Bancks II waren die Pocken eine gefährliche Krankheit, die sich in England verbreitete. Allein im Jahr 1712 forderte sie in Middleton 38 Todesopfer. In dieser Zeit hatte die Stadt mit dem Verfall zu kämpfen, und ihre Einwohner lebten in armen Verhältnissen.

Das Leben von Jacob endete leider 1738 im Alter von nur 33 Jahren. Er heiratete nie und hatte keine Kinder, sodass Milton Abbey an seinen zweiten Cousin überging, der es im Jahr 1752 verkaufte. Trotzdem inspirierte das Erbe von Jacob weiterhin viele Jahre lang zu freundlichen und guten Taten in Milton Abbey.

Im Nordschiff von Milton Abbey steht das prächtige Bancks-Grabmal, das Mary Tregonwell, Jacob und ihren beiden Söhnen gewidmet ist.

 Damer

Joseph Damer war ein sehr reicher Mann, der bekam, was er wollte. Er erbte sein Vermögen von seinem Großonkel. 1752 kaufte er Milton Abbey, weil er ein großes Haus haben wollte, um seinen Reichtum zur Schau zu stellen. Joseph hatte große Pläne, Milton Abbey und das umliegende Gebiet zu verändern.

Er wollte eine perfekte Aussicht ohne das kleine Dorf Middleton, das seiner Meinung nach die Landschaft verdarb. Wann immer Häuser in Middleton leer standen, kaufte er sie und ließ sie eines nach dem anderen abreißen. Joseph verlegte sogar den Kirchenfriedhof, um Platz für eine schöne Rasenfläche zu schaffen. Viele glaubten deshalb, dass all seine Veränderungen verflucht sein würden!

Viele Menschen missbilligten Damers Pläne, einschließlich William Harrison, einem Anwalt, der in Middleton lebte. Harrison kannte seine Rechte gut und scheute sich nicht, für sie einzutreten. Als Damer ihn aufforderte, sein Zuhause zu verlassen, zog Harrison in der Angelegenheit mutig vor Gericht und gewann. Das verärgerte Damer, sodass er das Wasser des alten Abteiteichs umleitete und Harrisons Anwesen überflutete!

Damer mochte auch die örtliche Schule nicht, weil die lebhaften Kinder ihn störten. Der Direktor der Schule setzte sich sehr dafür ein, sie zu schützen. Doch Damer drängte weiter und setzte seinen Willen schließlich durch. Die Schule musste an einen neuen Standort in Blandford umziehen.

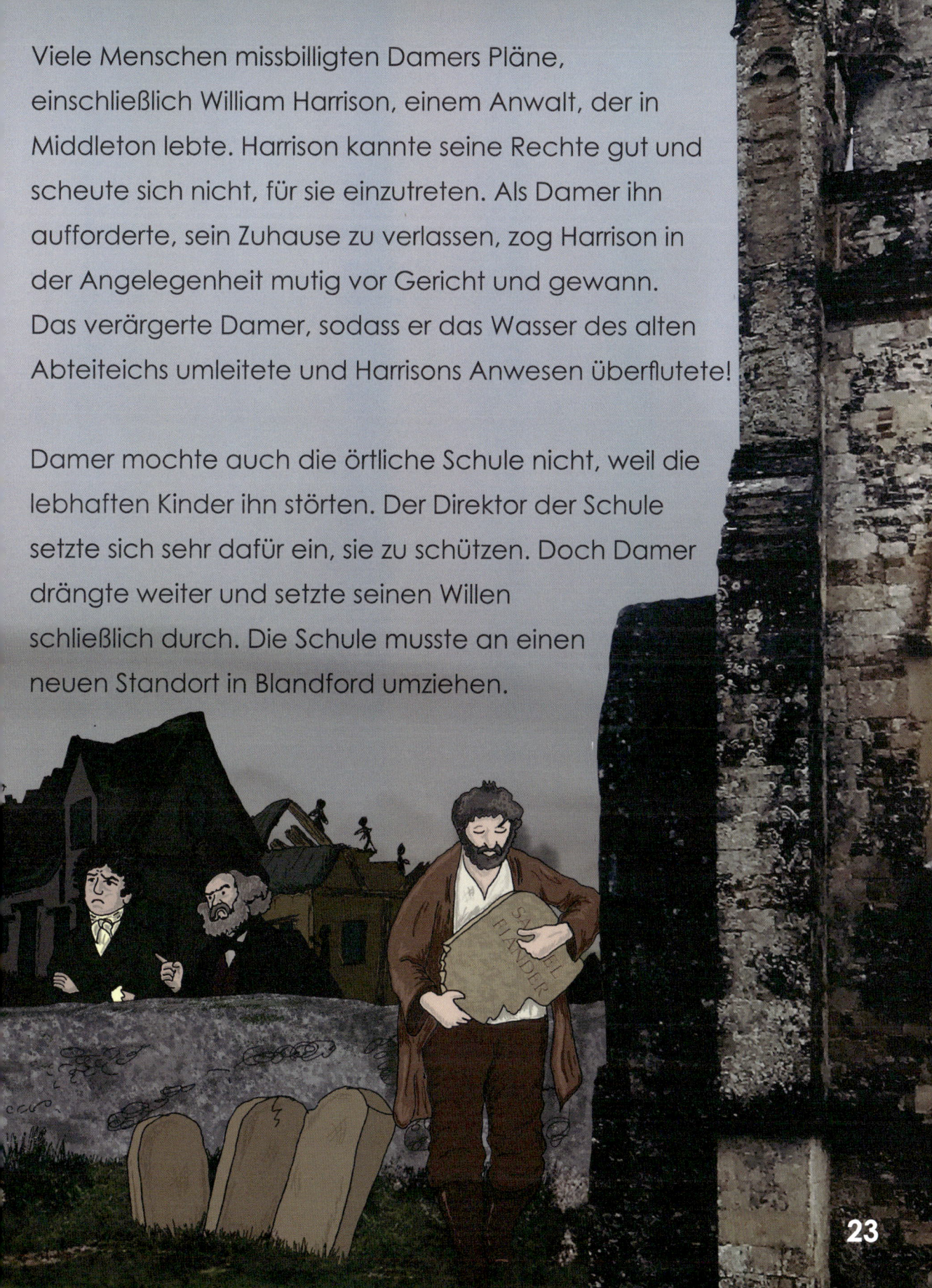

Im Jahr 1765 beauftragte Damer den berühmten Architekten Sir William Chambers, sein Haus im gotischen Stil zu entwerfen; doch Chambers gefiel diese Idee nicht. Die beiden stritten oft, und schließlich warf Chambers hin und bezeichnete Damer als „unhöflich" und „überheblich".

Damer beauftragte auch den berühmten Landschaftsgärtner Capability Brown, eine spektakuläre bewaldete Landschaft zu entwerfen, die Parklandschaft, dekorative Gärten, Wälder, Ackerland und einen künstlichen See umfasste - dort, wo einst das Dorf Middleton stand.

Mit der Hilfe von Capability Brown gestaltete Damer das Tal für immer um. Die Landschaft rund um Milton Abbey wurde zu einem der besten Beispiele für Capability Browns Werk in England.

Um Middleton zu ersetzen, entwarf Capability Brown das neue Dorf Milton Abbas, das einen halben Kilometer entfernt in einem anderen Tal und nicht im Blickfeld von Damers neuem Zuhause lag. Das Dorf bestand aus 36 fast identischen Reetdachhäusern und einer neuen Kirche. Die meisten der in Middleton lebenden Menschen wurden dorthin umgesiedelt. Zu dieser Zeit war es „das größte geplante Stadtprojekt in England".

Die Fertigstellung von Damers Haus und die Restaurierung der Abtei wurden einem anderen berühmten Architekten, James Wyatt, anvertraut. Das Ergebnis war ein beeindruckendes gotisches Herrenhaus.

Joseph Damer und seine Frau Caroline hatten vier Kinder. Ihr ältester Sohn, John, war ein Spieler, der tief in Schulden geriet. Sein Vater weigerte sich, ihm zu helfen, da er bereits genug damit zu tun hatte, die Spielschulden von Johns beiden jüngeren Brüdern zu begleichen, was die Finanzen von Milton Abbey schnell erschöpfte.

1776 starb John unter mysteriösen Umständen in einer Londoner Kneipe. Viele glauben, er habe seinen Tod vorgetäuscht, um seinen Schulden zu entfliehen. Seine Leiche wurde nur von seinem Begleiter, einem blinden Geiger, identifiziert. Die Dorfbewohner von Milton Abbas berichteten später, seinen Geist rund um Milton Abbey gesehen zu haben. Mysteriöserweise gibt es vier Särge in der Damer-Krypta, aber nur drei Leichen.

Die berühmte und prächtige Umgestaltung von Milton Abbey und seiner Landschaft durch Joseph Damer legte den Grundstein für die Zukunft. Selbst König George III. und Königin Charlotte besuchten die Abbey während ihres Aufenthalts in Weymouth. Allerdings sorgte Damers Missachtung der Einwohner von Middleton für Ärger. Als seine geliebte Frau, Lady Caroline, 1775 starb, war er zutiefst traurig und ließ in der Abbey ein großes Denkmal zu ihren Ehren errichten. Joseph Damer starb im Jahr 1798.

Joseph Damer traf eine überraschende Entscheidung, bevor er starb: Er vererbte Milton Abbey nicht seinen Söhnen, sondern seiner Tochter, Lady Caroline Damer. Er tat dies, weil er seinen Söhnen, die sein Geld leichtfertig ausgaben, nicht vertraute. Lady Caroline nahm das Vertrauen ihres Vaters ernst und wurde eine respektierte und gewissenhafte Landbesitzerin.

Lady Caroline gab immer ihr Bestes, um Milton Abbey zu schützen. Doch eines Nachts brachen Diebe ein und stahlen einige ihrer wertvollen Gold- und Silbertafeln. Einige der Tafeln wurden am nächsten Tag im Abteiteich gefunden, aber der Rest tauchte nie wieder auf. Sie könnten noch immer irgendwo im Tal verborgen sein!

Als Lady Caroline im Jahr 1828 starb, wurde Milton Abbey an ihre Familie, die Dawson-Damers, vererbt, die es schließlich 1852 verkauften.

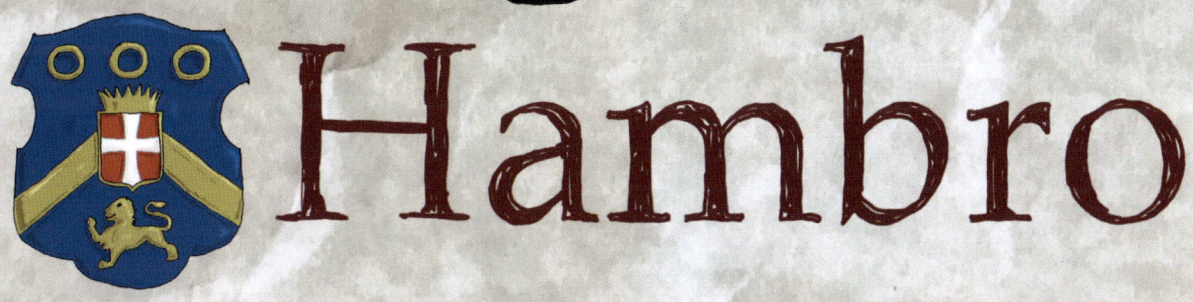

Carl Joaquim Baron Hambro, ein dänischer Kaufmann und Banker, verliebte sich 1852 in Milton Abbey, kaufte das Anwesen für 240.000 £ und zog mit seinen drei Söhnen dorthin. Dieser Neuankömmling mit starkem dänischen Akzent hieß alle wieder in der Abbey willkommen. Hambro verbesserte vieles in Milton Abbas; so baute er eine neue Schule und gewann das Vertrauen und die Freundschaft der Bewohner. Um sicherzustellen, dass die Abbey ein großartiger Ort für alle würde, bat er den berühmten Architekten Sir George Gilbert Scott, ein Restaurierungsprojekt zu starten.

Die ganze Familie Hambro liebte die friedliche Landschaft von Dorset und Milton Abbey. Sie genossen es, die Bäume und Sträucher, die von Capability Brown gepflanzt worden waren, wachsen zu sehen. Besonders der jüngste Sohn, Sir Everard Hambro, kümmerte sich intensiv um die Gärten und sorgte dafür, dass sie zur Freude aller schön blieben.

Die Weihnachtsfeste der Familie Hambro waren magisch, mit einem prächtigen Baum und Geschenken für alle. In einem Jahr fuhren Sir Everards Enkelkinder mit ihren neuen Fahrrädern um das Anwesen!

Die Familie Hambro brachte Frieden und Würde nach Milton Abbey. Sie entwickelten ein enges Verhältnis zur lokalen Bevölkerung, vertrauten sich, teilten die gleichen Werte und verbrachten schöne Zeiten.

Im Jahr 1909 besuchte ein ganz besonderer Gast Milton Abbey – König Edward VII.! Er nahm an einer beeindruckenden Jagdgesellschaft teil. Die Zufahrt zum alten Landhaus wurde zu seinen Ehren nach ihm benannt.

Nach dem Tod von Carl Joachim Hambro wurde in der Abbey ein prächtiges Denkmal zu seinen Ehren errichtet. Zahlreiche andere Denkmäler der Familie Hambro finden sich ebenfalls dort.

Leider zog die Große Depression 1932 die Bankgeschäfte der Hambros in Mitleidenschaft, und sie entschieden sich, Milton Abbey zu verkaufen.
Doch der Geist der Hambro-Familie von Freundlichkeit und Gemeinsinn lebt in Milton Abbey weiter.

Für eine kurze Zeit diente Milton Abbey als christliche Heilanstalt. Dann, im Jahr 1953, wurden das Herrenhaus und das Gelände von einer Stiftung gekauft. Sie gründete die Milton Abbey School, mit erheblicher Unterstützung der Hambros.

Die Schule wurde am 5. Mai 1954 eröffnet, mit Dr. C.K. Brown als erstem Direktor, und begrüßte 24 Schüler zum ersten Schul-Term.

Hodgkinson

Im Jahr 1955, zu Beginn des zweiten Jahres der Milton Abbey School, wurde Hugh „Hughie" Hodgkinson Direktor.

Hodgkinson war ein erfolgreicher Marinekommandant und hoher Offizier während der D-Day-Landung im Zweiten Weltkrieg. Aufgrund seiner Zeit in der Marine hatte er einen ausgeprägten Sinn für Teamarbeit und Fairplay. Er glaubte, dass Bildung, die auf kreativer Begeisterung, Selbstdisziplin und der Entdeckung von Talenten und Fähigkeiten basierte, mehr Wert habe als Diplome und Titel.

Eine seiner ersten Ansagen war, dass die Schüler den Tag mit einem Lauf von einer Meile und einer kalten Dusche beginnen sollten!

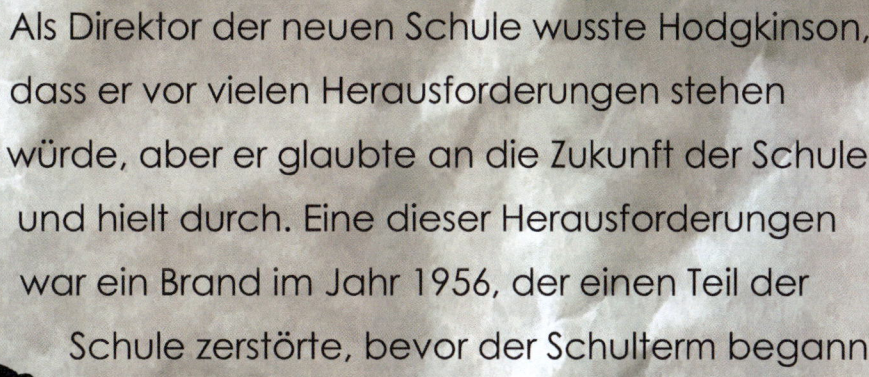

Als Direktor der neuen Schule wusste Hodgkinson, dass er vor vielen Herausforderungen stehen würde, aber er glaubte an die Zukunft der Schule und hielt durch. Eine dieser Herausforderungen war ein Brand im Jahr 1956, der einen Teil der Schule zerstörte, bevor der Schulterm begann.

Hodgkinson ging mit gutem Beispiel voran, dem die Schüler gerne folgten. Er baute ihr Selbstvertrauen auf und ermutigte viele, Fähigkeiten zu entdecken, von denen sie nicht einmal wussten, dass sie sie hatten.

Berühmt wurde ein Pionierprojekt der Schüler – sie beschlossen, dass die Schule ein Schwimmbad brauchte. Unter Hodgkinsons Aufsicht verbrachten sie zwei Jahre damit, ihren eigenen wunderbaren Pool zu bauen, der stolz im Sommer 1959 eröffnet wurde.

Durch Hodgkinsons Führung wurde die außergewöhnliche neue Schule Milton Abbey ein begehrtes Ziel voll jugendlicher Energie und Kreativität für 250 Schüler. 1969 trat er als Direktor in den Ruhestand.

35

Heute hat Milton Abbey School fünf Internatshäuser: Athelstan, Damer, Hambro, Hodgkinson und Tregonwell (Bancks war auch ein Haus von 1973 bis 2012). Die Abbey, eine der bemerkenswertesten Kirchen in England, steht im Mittelpunkt der Schule – ein friedlicher Ort, an dem jeder heranwachsen und lernen kann.

Milton Abbey School ist eine lebendige, eng verbundene Gemeinschaft mit Schülern aus der ganzen Welt. Die Schule ist inklusiv, besonders für junge Menschen mit Lernschwächen wie Legasthenie. Die Schüler konzentrieren sich auf einen gesunden Körper und einen gesunden Geist mit täglichen Sportarten und Aktivitäten. Die Wochenenden werden mit Unterricht und vielen Aktivitäten und Ausflügen verbracht

Diese einzigartige kleine Schule und Kirche, eingebettet in jenem Tal, das König Athelstan inspirierte und von Damer geformt und entwickelt wurde, ermutigt junge Menschen, nach Ehrlichkeit und Großzügigkeit wie Bancks zu streben, Freundlichkeit und Gemeinschaftsgeist wie die Hambros zu zeigen und Vertrauen, Führung und Talente wie Hodgkinson zu entwickeln. Hier hat jeder die Gelegenheit, seinen eigenen bedeutenden Platz in der Geschichte zu finden, genau wie Tregonwell.

Im Jahr 2024 feierte die Schule ihr 70-jähriges Jubiläum.

Karte

Das Gelände von Milton Abbey und das Herrenhaus sind Privatbesitz; die Öffentlichkeit kann jedoch die Abbey besuchen, indem sie dem Mönchspfad aus dem Dorf Milton Abbas folgt. Die St. Catherine's Chapel kann durch den Wald oder von der gegenüberliegenden Straßenseite über den Catherine's Well erreicht werden.

Die Geschichte von Milton Abbey

Auch in den folgenden Sprachen auf **amazon** erhältlich

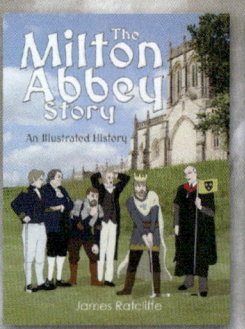
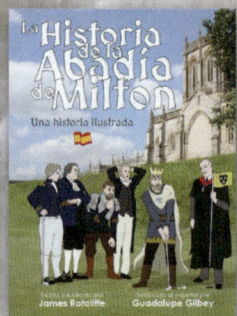

Englisch   Spanisch

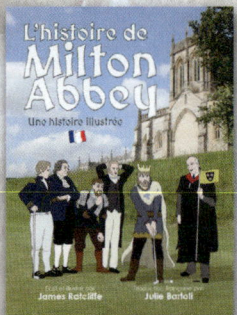

Französisch

James Ratcliffe wurde in Poole, Dorset, geboren, aufgezogen, ausgebildet und lebt dort. Seit September 2007 ist er Lehrer an der Milton Abbey School.

Mit Dank an alle ehemaligen und aktuellen Mitarbeiter und Schüler der Milton Abbey School, v.a. an Annette, Jamie und Lucinda.

Benjamin Reger kommt aus München und besucht Milton Abbey seit 2022. Er begann als Schüler der 4th form im Tregonwell House und wird dort 2026 seinen Abschluss machen.

Printed in Great Britain
by Amazon